STOCKING STUFFERS:
SANTA'S CHRISTMAS WORD SEARCH BOOK!

BY
STOCKING STUFFERS PUBLISHING

Stocking Stuffers: Santa's Christmas Word Search Book!
by Stocking Stuffers Publishing
Copyright © 2014 Dr Jason Davies

ISBN-13: 978-1502804754
ISBN-10: 1502804751

Happy Christmas!

Word Search 1

K	H	N	A	O	V	R	N	A	Y	C	E
R	E	Y	A	R	P	I	O	P	O	G	S
O	S	G	M	Q	A	G	W	E	C	J	H
A	W	T	A	I	U	C	I	J	H	P	E
F	S	R	Z	K	M	H	A	F	W	I	P
E	T	A	L	O	C	O	H	C	T	O	H
Q	V	D	U	Y	W	A	D	I	Q	A	E
F	A	I	G	N	I	P	P	A	R	W	R
U	J	T	U	Q	B	P	Q	I	S	L	D
I	L	I	G	H	T	S	R	L	W	H	S
Z	A	O	N	X	G	V	Y	D	N	Q	X
E	B	N	W	U	O	C	U	Q	A	E	D

tradition   gift   package   wrapping
hot chocolate   prayer   lights   shepherds

Word Search 1 Solution

K	H	N	A	O	V	R	N	A	Y	C	E
R	E	Y	A	R	P	I	O	P	O	G	S
O	S	G	M	Q	A	G	W	E	C	J	H
A	W	T	A	I	U	C	I	J	H	P	E
F	S	R	Z	K	M	H	A	F	W	I	P
E	T	A	L	O	C	O	H	C	T	O	H
Q	V	D	U	Y	W	A	D	I	Q	A	E
F	A	I	G	N	I	P	P	A	R	W	R
U	J	T	U	Q	B	P	Q	I	S	L	D
I	L	I	G	H	T	S	R	L	W	H	S
Z	A	O	N	X	G	V	Y	D	N	Q	X
E	B	N	W	U	O	C	U	Q	A	E	D

Word Search 2

E	S	Y	N	Q	J	M	G	S	E	N	A
T	W	D	R	N	K	E	C	N	G	J	K
S	R	N	A	D	Z	R	M	O	F	I	J
I	Q	Z	S	L	G	F	N	R	E	B	Y
L	P	T	N	F	B	G	I	T	H	I	M
S	C	R	O	O	G	E	Q	H	N	D	V
A	G	Z	W	E	S	K	U	P	H	W	A
T	O	L	Y	Z	T	X	R	O	I	O	S
N	B	P	V	U	J	Y	U	L	E	N	A
A	C	N	J	X	O	A	Z	E	I	D	I
S	J	F	R	U	I	T	C	A	K	E	G
M	E	C	L	P	Y	I	J	L	N	R	A

fruitcake   yule   eggnog   North Pole
Santa's list   snowy   wonder   Scrooge

Word Search 2 Solution

E	S	Y	N	Q	J	M	G	S	E	N	A
T	W	D	R	N	K	E	C	N	G	J	K
S	R	N	A	D	Z	R	M	O	F	I	J
I	Q	Z	S	L	G	F	N	R	E	B	Y
L	P	T	N	F	B	G	I	T	H	I	M
S	C	R	O	O	G	E	Q	H	N	D	V
A	G	Z	W	E	S	K	U	P	H	W	A
T	O	L	Y	Z	T	X	R	O	I	O	S
N	B	P	V	U	J	Y	U	L	E	N	A
A	C	N	J	X	O	A	Z	E	I	D	I
S	J	F	R	U	I	T	C	A	K	E	G
M	E	C	L	P	Y	I	J	L	N	R	A

Word Search 3

```
L  V  W  H  W  J  B  E  X  H  L  N
L  O  V  E  P  O  I  C  Q  T  O  U
I  M  I  D  T  Y  A  I  W  S  R  V
W  H  K  S  O  E  W  O  U  H  E  Z
D  Z  X  U  Z  U  Y  J  I  T  L  Y
O  U  F  R  T  X  O  E  A  K  C  P
O  J  H  P  Q  N  F  R  E  W  I  S
G  K  Q  R  P  O  B  I  Y  Z  C  T
B  O  J  I  M  E  Z  Q  V  O  I  E
L  M  C  S  L  L  A  U  N  N  A  O
I  G  H  E  J  H  F  B  C  W  J  U
V  B  C  S  C  Q  H  W  H  V  E  R
```

celebrate   love   icicle   goodwill
Joyeux Noel   surprises   annual   rejoice

Word Search 3 Solution

L	V	W	H	W	J	B	E	X	H	L	N
L	O	V	E	P	O	I	C	Q	T	O	U
I	M	I	D	T	Y	A	I	W	S	R	V
W	H	K	S	O	E	W	O	U	H	E	Z
D	Z	X	U	Z	U	Y	J	I	T	L	Y
O	U	F	R	T	X	O	E	A	K	C	P
O	J	H	P	Q	N	F	R	E	W	I	S
G	K	Q	R	P	O	B	I	Y	Z	C	T
B	O	J	I	M	E	Z	Q	V	O	I	E
L	M	C	S	L	L	A	U	N	N	A	O
I	G	H	E	J	H	F	B	C	W	J	U
V	B	C	S	C	Q	H	W	H	V	E	R

Word Search 4

B	S	Z	G	T	K	N	Q	O	V	C	G
L	D	E	I	D	E	G	L	Z	G	N	P
E	I	R	V	S	U	V	E	V	C	S	U
R	A	J	I	L	R	G	A	H	A	R	O
U	P	E	N	J	E	C	E	O	K	T	Y
D	F	S	G	T	P	S	K	I	E	L	E
O	L	C	H	R	T	R	A	Q	S	A	B
L	W	Z	L	N	D	N	H	T	G	X	P
P	G	O	U	E	U	I	T	Y	N	M	U
H	O	T	C	I	D	E	R	L	Q	A	I
C	S	R	W	Z	J	Q	I	P	O	S	S
N	J	I	Y	D	F	L	B	K	Z	U	Q

chestnuts   Xmas   giving   hot cider

Santa's elves   cake   birth   Rudolph

Word Search 4 Solution

```
B S Z G T K N Q O V C G
L D E I D E G L Z G N P
E I R V S U V E V C S U
R A J I L R G A H A R O
U P E N J E C E O K T Y
D F S G T P S K I E L E
O L C H R T R A Q S A B
L W Z L N D N H T G X P
P G O U E U I T Y N M U
H O T C I D E R L Q A I
C S R W Z J Q I P O S S
N J I Y D F L B K Z U Q
```

Word Search 5

```
T  A  T  Q  H  O  L  I  D  A  Y  D
R  O  L  X  R  G  A  J  S  R  I  W
G  C  G  F  O  H  F  O  A  X  E  Y
M  T  U  E  L  V  P  M  T  H  K  J
T  N  O  I  T  A  C  A  V  O  A  G
E  Y  B  J  A  H  Y  O  Y  P  L  O
A  I  O  T  S  A  E  F  A  M  F  Z
D  S  E  B  K  Q  V  R  T  L  W  I
F  L  U  I  A  O  A  Z  N  A  O  F
H  I  M  C  Z  D  X  R  C  E  N  L
A  B  N  H  E  X  G  X  O  K  S  R
C  H  R  I  S  T  M  A  S  J  E  S
```

snowflake   Mary   holiday   vacation
togetherness   feast   parade   Christmas

Word Search 5 Solution

```
T  A  T  Q  H  O  L  I  D  A  Y  D
R  O  L  X  R  G  A  J  S  R  I  W
G  C  G  F  O  H  F  O  A  X  E  Y
M  T  U  E  L  V  P  M  T  H  K  J
T  N  O  I  T  A  C  A  V  O  A  G
E  Y  B  J  A  H  Y  O  Y  P  L  O
A  I  O  T  S  A  E  F  A  M  F  Z
D  S  E  B  K  Q  V  R  T  L  W  I
F  L  U  I  A  O  A  Z  N  A  O  F
H  I  M  C  Z  D  X  R  C  E  N  L
A  B  N  H  E  X  G  X  O  K  S  R
C  H  R  I  S  T  M  A  S  J  E  S
```

Word Search 6

U	O	Y	G	X	J	P	K	C	Z	A	J
B	C	A	R	O	L	E	R	S	B	F	U
E	P	Y	H	D	Z	K	G	U	E	V	Z
U	D	A	X	A	B	N	P	A	H	D	M
E	C	B	R	W	I	R	V	L	G	U	V
P	I	N	E	T	R	E	E	C	O	L	D
S	V	A	E	H	Y	T	D	A	J	E	F
O	F	E	K	A	S	N	A	T	M	O	H
D	R	O	X	U	J	I	S	N	A	U	C
G	M	U	A	D	O	W	Q	A	G	N	M
K	O	V	W	F	Z	B	J	S	H	I	D
E	M	A	C	H	S	W	H	I	D	K	G

greetings   party   hugs   pine tree
Santa Claus   cold   winter   carolers

Word Search 6 Solution

U	O	Y	G	X	J	P	K	C	Z	A	J
B	C	A	R	O	L	E	R	S	B	F	U
E	P	Y	H	D	Z	K	G	U	E	V	Z
U	D	A	X	A	B	N	P	A	H	D	M
E	C	B	R	W	I	R	V	L	G	U	V
P	I	N	E	T	R	E	E	C	O	L	D
S	V	A	E	H	Y	T	D	A	J	E	F
O	F	E	K	A	S	N	A	T	M	O	H
D	R	O	X	U	J	I	S	N	A	U	C
G	M	U	A	D	O	W	Q	A	G	N	M
K	O	V	W	F	Z	B	J	S	H	I	D
E	M	A	C	H	S	W	H	I	D	K	G

Word Search 7

Q	J	E	S	U	S	F	O	H	U	H	N
D	P	N	J	N	I	V	C	E	Z	B	W
R	E	O	M	S	O	P	B	M	L	J	T
J	S	C	P	T	C	J	G	Q	C	E	I
O	I	E	O	A	T	D	Z	U	O	G	D
A	U	N	I	R	F	M	N	B	O	S	I
G	V	I	F	Z	A	W	I	S	K	D	N
U	Y	P	L	Q	R	T	O	L	I	T	G
G	K	T	H	A	P	P	I	N	E	S	S
E	J	Z	P	L	M	O	E	O	M	R	H
Z	A	Q	E	H	Q	A	G	S	N	T	Z
D	H	J	C	V	Z	N	J	D	G	S	V

happiness   star   cookie   pine-cone
decorations   Jesus   unwrap   tidings

Word Search 7 Solution

```
Q  J  E  S  U  S  F  O  H  U  H  N
D  P  N  J  N  I  V  C  E  Z  B  W
R  E  O  M  S  O  P  B  M  L  J  T
J  S  C  P  T  C  J  G  Q  C  E  I
O  I  E  O  A  T  D  Z  U  O  G  D
A  U  N  I  R  F  M  N  B  O  S  I
G  V  I  F  Z  A  W  I  S  K  D  N
U  Y  P  L  Q  R  T  O  L  I  T  G
G  K  T  H  A  P  P  I  N  E  S  S
E  J  Z  P  L  M  O  E  O  M  R  H
Z  A  Q  E  H  Q  A  G  S  N  T  Z
D  H  J  C  V  Z  N  J  D  G  S  V
```

Word Search 8

P	H	O	D	E	C	O	R	A	T	E	G
F	I	A	H	W	E	Z	L	N	O	E	L
O	V	Y	B	Z	H	T	E	X	P	C	P
S	N	E	T	T	I	M	R	I	N	O	H
G	E	R	G	H	E	U	E	J	H	A	U
M	G	A	U	T	Y	L	B	S	J	I	W
A	B	L	I	A	L	P	K	C	E	K	M
N	P	C	O	T	F	R	V	Q	I	O	T
G	X	J	Y	P	O	A	O	A	T	Q	A
E	U	T	M	W	B	G	S	H	I	G	E
R	Z	W	X	R	M	U	J	M	R	J	C
J	G	E	L	V	E	S	U	Z	Y	E	A

sugarplum   Noel   mittens   workshop
excitement   elves   manger   decorate

Word Search 8 Solution

P	H	O	D	E	C	O	R	A	T	E	G
F	I	A	H	W	E	Z	L	N	O	E	L
O	V	Y	B	Z	H	T	E	X	P	C	P
S	N	E	T	T	I	M	R	I	N	O	H
G	E	R	G	H	E	U	E	J	H	A	U
M	G	A	U	T	Y	L	B	S	J	I	W
A	B	L	I	A	L	P	K	C	E	K	M
N	P	C	O	T	F	R	V	Q	I	O	T
G	X	J	Y	P	O	A	O	A	T	Q	A
E	U	T	M	W	B	G	S	H	I	G	E
R	Z	W	X	R	M	U	J	M	R	J	C
J	G	E	L	V	E	S	U	Z	Y	E	A

Word Search 9

N	J	T	I	W	G	E	P	M	Q	F	S
V	O	D	X	T	Z	I	X	N	A	H	R
B	L	I	C	E	S	K	A	T	E	S	A
G	L	O	S	F	E	T	J	B	Y	T	U
O	Y	A	J	I	H	R	S	U	I	N	L
C	E	I	T	Y	V	E	L	A	M	E	H
Z	D	G	S	G	Y	E	O	I	H	S	Q
N	H	O	K	Z	L	T	L	A	X	E	A
V	L	S	L	O	R	A	C	E	U	R	M
T	B	X	G	L	T	G	X	G	T	P	G
L	K	E	T	P	L	U	V	S	V	I	L
J	H	T	U	R	K	E	Y	P	M	O	T

ice skates   tree   carols   presents
television   jolly   turkey   yule log

Word Search 9 Solution

```
N  J  T  I  W  G  E  P  M  Q  F  S
V  O  D  X  T  Z  I  X  N  A  H  R
B  L  I  C  E  S  K  A  T  E  S  A
G  L  O  S  F  E  T  J  B  Y  T  U
O  Y  A  J  I  H  R  S  U  I  N  L
C  E  I  T  Y  V  E  L  A  M  E  H
Z  D  G  S  G  Y  E  O  I  H  S  Q
N  H  O  K  Z  L  T  L  A  X  E  A
V  L  S  L  O  R  A  C  E  U  R  M
T  B  X  G  L  T  G  X  G  T  P  G
L  K  E  T  P  L  U  V  S  V  I  L
J  H  T  U  R  K  E  Y  P  M  O  T
```

Word Search 10

A	Q	T	E	T	U	W	N	T	C	A	J
W	O	I	S	O	F	L	N	Y	X	H	R
D	S	B	U	H	P	U	D	L	A	J	E
H	R	Z	P	J	F	N	O	H	Q	C	I
L	V	F	I	A	A	L	Y	Q	O	V	N
R	W	E	S	C	D	C	N	R	I	P	D
Y	I	N	H	K	W	E	R	O	L	M	E
P	S	L	O	F	H	Q	L	E	H	Z	E
A	E	T	W	R	D	Z	S	D	G	U	R
I	M	A	C	O	J	N	V	F	N	V	L
O	E	J	E	S	I	J	A	O	L	A	I
F	N	O	I	T	A	R	B	E	L	E	C

Jack Frost   hope   candle   reindeer
celebration   candy   tinsel   wise men

Word Search 10 Solution

A	Q	T	E	T	U	W	N	T	C	A	J
W	O	I	S	O	F	L	N	Y	X	H	R
D	S	B	U	H	P	U	D	L	A	J	E
H	R	Z	P	J	F	N	O	H	Q	C	I
L	V	F	I	A	A	L	Y	Q	O	V	N
R	W	E	S	C	D	C	N	R	I	P	D
Y	I	N	H	K	W	E	R	O	L	M	E
P	S	L	O	F	H	Q	L	E	H	Z	E
A	E	T	W	R	D	Z	S	D	G	U	R
I	M	A	C	O	J	N	V	F	N	V	L
O	E	J	E	S	I	J	A	O	L	A	I
F	N	O	I	T	A	R	B	E	L	E	C

Word Search 11

W	E	Y	R	G	A	I	J	T	D	H	U
N	X	G	O	L	C	N	O	S	A	E	S
O	Y	M	D	W	H	I	A	E	T	Z	N
J	R	Y	A	I	A	O	Y	U	R	U	O
S	E	O	L	C	R	N	E	G	T	D	W
K	T	M	A	E	I	T	M	C	P	I	F
L	S	R	U	O	T	K	R	O	H	O	A
O	U	A	G	C	Y	A	G	A	Q	C	L
F	L	O	H	J	C	E	I	E	P	A	L
H	B	N	T	K	I	L	P	X	G	R	U
V	I	G	E	Q	D	A	K	R	N	E	I
N	C	R	R	M	P	T	D	F	K	W	Z

partridge   laughter   charity   snowfall
nutcracker   guest   season   blustery

Word Search 11 Solution

W	E	Y	R	G	A	I	J	T	D	H	U
N	X	G	O	L	C	N	O	S	A	E	S
O	Y	M	D	W	H	I	A	E	T	Z	N
J	R	Y	A	I	A	O	Y	U	R	U	O
S	E	O	L	C	R	N	E	G	T	D	W
K	T	M	A	E	I	T	M	C	P	I	F
L	S	R	U	O	T	K	R	O	H	O	A
O	U	A	G	C	Y	A	G	A	Q	C	L
F	L	O	H	J	C	E	I	E	P	A	L
H	B	N	T	K	I	L	P	X	G	R	U
V	I	G	E	Q	D	A	K	R	N	E	I
N	C	R	R	M	P	T	D	F	K	W	Z

Word Search 12

C	E	L	R	C	T	D	P	X	F	Y	P
T	H	I	W	A	O	U	B	Q	G	H	M
N	D	R	A	Z	Z	I	L	B	I	O	U
L	S	E	I	N	E	O	R	P	R	L	A
O	L	I	T	S	A	R	K	N	C	L	N
N	E	A	P	R	T	Q	A	F	O	Y	C
T	I	G	B	Q	K	M	P	U	A	R	H
Y	G	V	I	W	E	J	A	O	I	V	I
O	H	E	A	N	O	M	R	S	W	O	M
K	T	P	T	G	I	N	Y	V	D	I	N
H	O	S	L	E	D	Q	S	C	Q	A	E
Y	B	X	Y	M	E	R	Z	M	F	U	Y

ornaments   sled   chimney   snowball
Christmas Day   holly   sleigh   blizzard

Word Search 12 Solution

C	E	L	R	C	T	D	P	X	F	Y	P
T	H	I	W	A	O	U	B	Q	G	H	M
N	D	R	A	Z	Z	I	L	B	I	O	U
L	S	E	I	N	E	O	R	P	R	L	A
O	L	I	T	S	A	R	K	N	C	L	N
N	E	A	P	R	T	Q	A	F	O	Y	C
T	I	G	B	Q	K	M	P	U	A	R	H
Y	G	V	I	W	E	J	A	O	I	V	I
O	H	E	A	N	O	M	R	S	W	O	M
K	T	P	T	G	I	N	Y	V	D	I	N
H	O	S	L	E	D	Q	S	C	Q	A	E
Y	B	X	Y	M	E	R	Z	M	F	U	Y

Word Search 13

O	J	I	G	X	B	H	M	U	R	T	M
Z	E	S	V	N	J	A	R	X	B	C	Y
I	Q	P	D	Q	D	K	F	Y	O	W	R
Y	A	O	S	V	A	U	J	K	Y	G	R
U	S	I	E	N	E	I	A	C	N	N	H
R	Z	N	A	F	V	T	B	I	Z	I	H
D	T	S	O	Z	J	N	P	N	F	G	I
O	J	E	I	W	R	P	G	T	H	N	E
Z	U	T	V	A	O	Q	U	S	M	I	W
G	K	T	Z	H	S	R	W	J	Q	S	C
W	M	I	S	T	L	E	T	O	E	F	R
A	B	A	N	O	V	S	N	A	L	W	T

mistletoe   snow   advent   shopping
poinsettia   myrrh   St. Nick   singing

Word Search 13 Solution

O	J	I	G	X	B	H	M	U	R	T	M
Z	E	S	V	N	J	A	R	X	B	C	Y
I	Q	P	D	Q	D	K	F	Y	O	W	R
Y	A	O	S	V	A	U	J	K	Y	G	R
U	S	I	E	N	E	I	A	C	N	N	H
R	Z	N	A	F	V	T	B	I	Z	I	H
D	T	S	O	Z	J	N	P	N	F	G	I
O	J	E	I	W	R	P	G	T	H	N	E
Z	U	T	V	A	O	Q	U	S	M	I	W
G	K	T	Z	H	S	R	W	J	Q	S	C
W	M	I	S	T	L	E	T	O	E	F	R
A	B	A	N	O	V	S	N	A	L	W	T

Word Search 14

A	J	M	O	J	M	D	H	E	J	D	E
F	Y	I	E	A	V	F	C	T	E	G	Q
R	I	N	O	S	I	A	B	N	D	J	W
A	G	P	M	U	L	M	K	H	Z	B	M
C	O	V	A	P	O	I	G	T	L	K	I
S	L	L	E	B	E	L	G	N	I	J	O
J	D	R	O	T	B	Y	A	R	F	E	A
H	I	Q	R	F	P	M	B	L	R	O	S
F	D	O	I	H	W	R	E	A	T	H	N
M	V	A	S	O	K	U	L	B	U	A	Y
K	F	W	N	A	T	I	V	I	T	Y	F
R	M	S	H	J	F	E	B	C	S	D	A

fireplace   gold   family   nativity
jingle bells   scarf   wreath   snowman

Word Search 14 Solution

A	J	M	O	J	M	D	H	E	J	D	E
F	Y	I	E	A	V	F	C	T	E	G	Q
R	I	N	O	S	I	A	B	N	D	J	W
A	G	P	M	U	L	M	K	H	Z	B	M
C	O	V	A	P	O	I	G	T	L	K	I
S	L	L	E	B	E	L	G	N	I	J	O
J	D	R	O	T	B	Y	A	R	F	E	A
H	I	Q	R	F	P	M	B	L	R	O	S
F	D	O	I	H	W	R	E	A	T	H	N
M	V	A	S	O	K	U	L	B	U	A	Y
K	F	W	N	A	T	I	V	I	T	Y	F
R	M	S	H	J	F	E	B	C	S	D	A

Word Search 15

Q	T	F	I	O	S	J	U	X	S	N	I
V	J	R	E	C	E	I	V	E	R	Z	E
J	Y	A	I	G	Y	A	L	X	I	G	N
L	A	N	R	M	D	E	I	M	G	J	A
I	O	K	T	L	M	F	S	D	R	A	C
C	F	I	W	S	G	I	U	R	H	K	Y
S	B	N	Z	A	E	R	N	P	U	J	D
T	Y	C	S	L	L	E	B	G	O	V	N
S	F	E	Z	A	Y	W	A	E	S	U	A
G	W	N	B	H	L	O	P	X	L	Z	C
J	O	S	E	P	H	O	Y	R	W	X	Y
S	A	E	A	B	O	D	Q	E	D	G	O

trimmings   bells   receive   candy cane
frankincense   cards   Joseph   firewood

Word Search 15 Solution

Q	T	F	I	O	S	J	U	X	S	N	I
V	J	R	E	C	E	I	V	E	R	Z	E
J	Y	A	I	G	Y	A	L	X	I	G	N
L	A	N	R	M	D	E	I	M	G	J	A
I	O	K	T	L	M	F	S	D	R	A	C
C	F	I	W	S	G	I	U	R	H	K	Y
S	B	N	Z	A	E	R	N	P	U	J	D
T	Y	C	S	L	L	E	B	G	O	V	N
S	F	E	Z	A	Y	W	A	E	S	U	A
G	W	N	B	H	L	O	P	X	L	Z	C
J	O	S	E	P	H	O	Y	R	W	X	Y
S	A	E	A	B	O	D	Q	E	D	G	O

Word Search 16

H	S	M	G	I	D	A	U	W	R	G	V
P	B	L	T	B	Y	K	A	I	O	X	M
S	I	E	L	V	U	R	H	N	E	F	O
A	U	J	H	E	A	X	R	T	C	E	P
Z	C	O	M	Q	B	J	N	E	J	S	K
B	W	Y	P	P	A	H	J	R	M	T	A
Y	T	F	I	A	V	O	G	T	X	I	C
D	H	U	S	G	Q	W	A	I	Z	V	K
F	Q	L	F	E	C	L	U	M	E	A	J
Q	V	S	H	A	J	U	I	E	A	L	P
G	B	R	U	N	X	G	O	U	I	E	S
V	E	D	I	T	E	L	U	Y	J	S	U

wintertime   happy   pageant   yuletide
sleigh bells   merry   joyful   festival

Word Search 16 Solution

H	S	M	G	I	D	A	U	W	R	G	V
P	B	L	T	B	Y	K	A	I	O	X	M
S	I	E	L	V	U	R	H	N	E	F	O
A	U	J	H	E	A	X	R	T	C	E	P
Z	C	O	M	Q	B	J	N	E	J	S	K
B	W	Y	P	P	A	H	J	R	M	T	A
Y	T	F	I	A	V	O	G	T	X	I	C
D	H	U	S	G	Q	W	A	I	Z	V	K
F	Q	L	F	E	C	L	U	M	E	A	J
Q	V	S	H	A	J	U	I	E	A	L	P
G	B	R	U	N	X	G	O	U	I	E	S
V	E	D	I	T	E	L	U	Y	J	S	U

Word Search 17

U	O	F	N	M	V	U	P	C	A	J	A
E	A	S	Q	R	K	G	V	E	F	T	P
D	Y	N	E	C	A	N	I	R	A	J	L
P	U	O	U	A	U	I	U	E	M	D	X
W	P	W	Y	I	K	V	A	M	R	K	L
Y	D	B	P	N	A	I	H	O	E	D	Q
J	T	O	B	O	G	G	A	N	F	G	I
B	Q	U	E	B	P	T	O	Y	S	P	H
Y	P	N	X	B	U	F	I	O	T	B	D
A	I	D	E	I	L	I	E	U	S	P	E
D	N	A	L	R	A	G	L	G	H	E	Y
P	U	L	U	D	S	Y	Z	U	P	Z	D

snowbound   toys   garland   toboggan
gift-giving   goose   ribbon   ceremony

Word Search 17 Solution

U	O	F	N	M	V	U	P	C	A	J	A
E	A	S	Q	R	K	G	V	E	F	T	P
D	Y	N	E	C	A	N	I	R	A	J	L
P	U	O	U	A	U	I	U	E	M	D	X
W	P	W	Y	I	K	V	A	M	R	K	L
Y	D	B	P	N	A	I	H	O	E	D	Q
J	T	O	B	O	G	G	A	N	F	G	I
B	Q	U	E	B	P	T	O	Y	S	P	H
Y	P	N	X	B	U	F	I	O	T	B	D
A	I	D	E	I	L	I	E	U	S	P	E
D	N	A	L	R	A	G	L	G	H	E	Y
P	U	L	U	D	S	Y	Z	U	P	Z	D

Word Search 18

X	T	M	W	I	S	H	I	Y	L	V	C
W	D	Y	D	L	O	Z	R	S	C	D	H
O	C	A	E	X	R	T	F	P	A	Q	B
A	G	R	K	V	N	E	D	E	Z	U	F
E	D	U	T	I	T	A	R	G	O	I	J
L	O	A	W	E	Z	B	X	L	R	Y	R
U	N	H	F	D	R	D	Y	F	H	I	E
Z	K	P	S	E	O	N	L	R	O	C	T
G	E	O	G	L	F	M	D	H	S	H	A
S	Y	N	O	I	S	A	C	C	O	N	E
H	I	A	E	A	C	V	I	V	S	I	W
G	M	L	M	L	V	P	K	M	X	Z	S

gratitude   wish   donkey   occasion
gingerbread   choir   wintry   sweater

Word Search 18 Solution

X	T	M	W	I	S	H	I	Y	L	V	C
W	D	Y	D	L	O	Z	R	S	C	D	H
O	C	A	E	X	R	T	F	P	A	Q	B
A	G	R	K	V	N	E	D	E	Z	U	F
E	D	U	T	I	T	A	R	G	O	I	J
L	O	A	W	E	Z	B	X	L	R	Y	R
U	N	H	F	D	R	D	Y	F	H	I	E
Z	K	P	S	E	O	N	L	R	O	C	T
G	E	O	G	L	F	M	D	H	S	H	A
S	Y	N	O	I	S	A	C	C	O	N	E
H	I	A	E	A	C	V	I	V	S	I	W
G	M	L	M	L	V	P	K	M	X	Z	S

Word Search 19

S	A	L	O	H	C	I	N	T	S	Q	F
U	R	K	I	G	S	P	Z	G	T	B	R
P	O	L	X	H	E	F	O	W	J	K	O
L	Y	N	T	Q	V	Q	J	R	T	L	S
E	M	O	P	L	E	G	N	A	B	R	T
V	L	I	G	K	R	E	F	P	O	A	Y
D	P	N	N	J	G	O	I	O	Y	I	E
F	W	U	V	C	R	A	S	W	I	S	C
Y	B	E	I	O	E	R	Q	E	G	O	A
E	A	R	W	S	E	P	X	N	L	C	P
I	K	N	O	H	N	V	I	G	E	G	D
A	C	S	L	J	I	K	U	E	Q	C	Y

evergreen   wrap   frosty   mince pie
St Nicholas   kings   angel   reunion

Word Search 19 Solution

S	A	L	O	H	C	I	N	T	S	Q	F
U	R	K	I	G	S	P	Z	G	T	B	R
P	O	L	X	H	E	F	O	W	J	K	O
L	Y	N	T	Q	V	Q	J	R	T	L	S
E	M	O	P	L	E	G	N	A	B	R	T
V	L	I	G	K	R	E	F	P	O	A	Y
D	P	N	N	J	G	O	I	O	Y	I	E
F	W	U	V	C	R	A	S	W	I	S	C
Y	B	E	I	O	E	R	Q	E	G	O	A
E	A	R	W	S	E	P	X	N	L	C	P
I	K	N	O	H	N	V	I	G	E	G	D
A	C	S	L	J	I	K	U	E	Q	C	Y

Word Search 20

E	V	Z	B	A	O	G	I	U	F	O	L
V	R	P	S	E	L	I	M	S	P	L	I
E	F	U	O	A	C	P	E	T	B	H	W
S	E	L	X	E	U	V	I	O	M	C	B
A	S	C	Q	Z	I	C	A	C	E	T	G
M	T	X	N	T	R	H	E	K	S	P	X
T	I	C	A	W	B	I	V	I	G	I	A
S	V	L	F	S	U	L	S	N	J	E	Y
I	E	V	N	J	Q	D	A	G	V	I	D
R	R	P	J	P	O	R	I	T	U	A	L
H	F	O	W	Y	L	E	Z	F	D	M	J
C	A	R	O	L	I	N	G	I	L	K	N

relatives   smiles   festive   stocking
Christmas Eve   children   ritual   caroling

Word Search 20 Solution

E	V	Z	B	A	O	G	I	U	F	O	L
V	R	P	S	E	L	I	M	S	P	L	I
E	F	U	O	A	C	P	E	T	B	H	W
S	E	L	X	E	U	V	I	O	M	C	B
A	S	C	Q	Z	I	C	A	C	E	T	G
M	T	X	N	T	R	H	E	K	S	P	X
T	I	C	A	W	B	I	V	I	G	I	A
S	V	L	F	S	U	L	S	N	J	E	Y
I	E	V	N	J	Q	D	A	G	V	I	D
R	R	P	J	P	O	R	I	T	U	A	L
H	F	O	W	Y	L	E	Z	F	D	M	J
C	A	R	O	L	I	N	G	I	L	K	N

Made in the USA
Middletown, DE
15 December 2020

28063381R00027